gregorio duvivier

percatempos

tudo que faço
quando não sei o que fazer

CB000546

COMPANHIA DAS LETRAS

O AUTOR

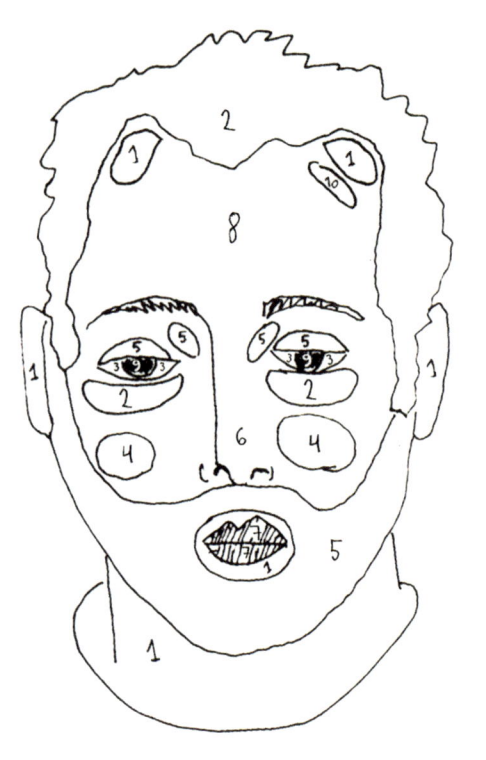

(DE COLORIR)

1. BRANCO — CALVÍCIE · GALOPANTE
2. ROXO — OLHEIRAS — DE — RESSACA
3. VERMELHO — CHAPAÇÃO — INTENSA
4. ROSA — ACNE — MAL — RESOLVIDA
5. CINZA — BARBA — MALFEITA
6. VERMELHO — NARIZ · DE · BÊBADO
7. MAGENTA — QUEIMADURA · DE · BEDUE
8. AMARELO · TESTA · SEM · SOL
9. PRETO · PUPILA · DILATADA
10. BRANCO — CASPA

Calendário

Janeiro

COMO FOI SEU RÉVEILLON? O MEU FOI FODA QUE CALOR DA PORRA

fevereiro

ONDE VAI SER SEU CARNAVAL? ONDE FOI SEU CARNAVAL? O MEU FOI FO-DA

maio

ACONTECEU E AINDA É MAIO

CACETE JÁ TAMOS EM MAIO E AINDA TÁ ESSE CALOR VAI FAZER O QUE

junho

NO MEIO DO ANO? NÃO VOU FAZER NADA VOU FICAR AQUI MESMO

setembro

FINALMENTE CHEGOU O INVERNO, PRONTO, JÁ DEU, PODE ESQUENTAR, QUE FRIO DA PORRA

outubro

ANO QUE NÃO NUNCA E ESS

dos assuntos

março

E ESSE CALOR
QUE NÃO ACABA
NUNCA

E AÍ, VAI FAZE

abril

O QUE NA
SEMANA SANTA?

QUANTA
COISA

julho

CACETE JÁ
TAMOS NO
SEGUNDO SEMESTRE
E EU NÃO FIZ NADA
FODEU

agosto

QUAN T A
DESGRAÇA
NUM MÊS SÓ

novembro

ACABA VAI

FAZER O QUE
NO RÉVEILLON?

ESSE ANO

dezembro

PASSOU RÁPIDO

DIAS DA SEMANA

DONA SEGUNDA ACREDITA

QUE A FELICIDADE É UMA DOENÇA

NINGUÉM DÁ NADA PELA QUINTA-FEIRA

MAS ELA SURPREENDE

SEXTA-FEIRA NUNCA

É TÃO FELIZ QUANTO DIZEM

DONA TERÇA

NÃO FEDE NEM CHEIRA

SENHORITA QUARTA

BEBE NO TRABALHO

SÁBADO É MENTIROSO COMPULSIVO

NUNCA CUMPRE O QUE PROMETE

SEU DOMINGO PARECE FELIZ

MAS ESTÁ MORRENDO

MAPA DAS INTERJEIÇÕES

ÉGUA

VISSE

VÉI

UAI

NU

OXI

MEU COÉ

DAÍ

BAH

mapa da tangerina

MAPA DO PÃOZINHO

PÃO
PÃO MASSA GROSSA
PÃO CARECA
PÃO MASSA GROSSA
CARIOQUINHA
PÃO AGUADO
PÃO FRANCÊS
PÃO JACÓ
PÃO FRANCÊS
CACETINHO
PÃO DE SAL
PÃOZINHO
PÃO FRANCÊS
MÉDIA
PÃO FRANCÊS
PÃO D'ÁGUA
PÃO DE TRIGO
CACETINHO

MAPA DO BEIJINHO

DOIS
TRÊS
UM
TRÊS

nunca mais
beije no vácuo

avião

ávio

coração

corajo

paixão

paixa

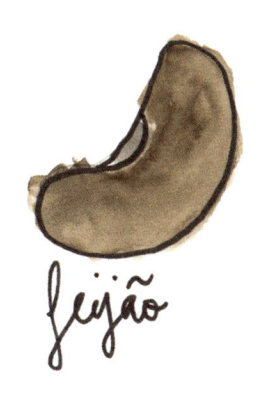
feijão

feijo

papai do selfie

Like Batista

ARNALDO

iTUNES

Dona Iphone Lara

em terra de anão

cavaquinho é contrabaixo

em terra de gigante

contrabaixo é cavaquinho

a diferença tá na espressão

samba

dos músicos

choro

E AÍ, BELEZA? —

ITÁLICO
ERA
UM
CARA
DIAGONAL

Caps Lock era um sujeito que só falava berrando

EU TAMBÉM
TE AMO!

COMIC SANS É UM TIO DO CHURRASCO QUE PAROU NOS ANOS 90

essa piscina
tá chocrazy

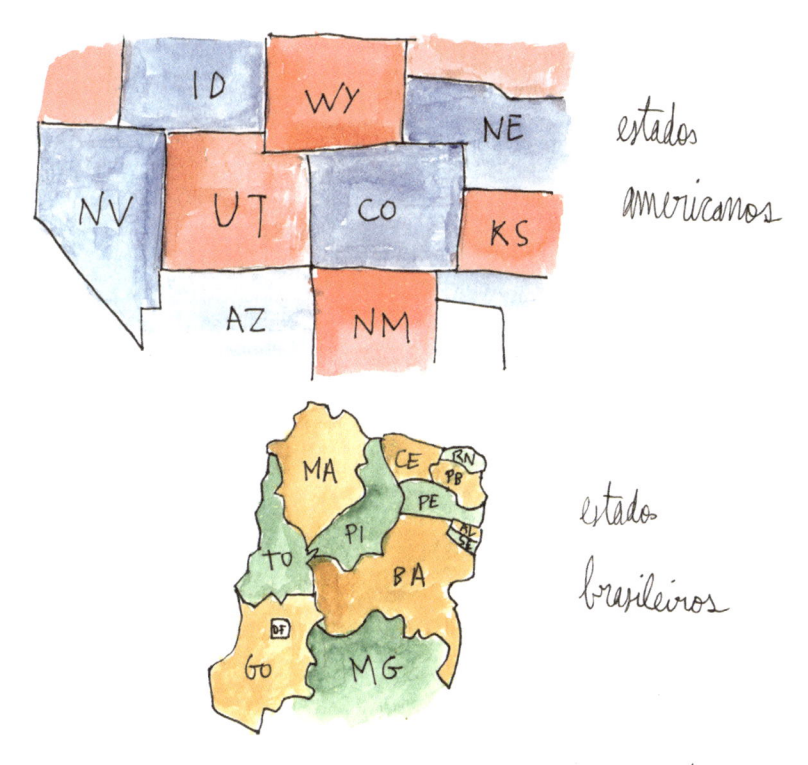

estados americanos

estados brasileiros

CUSTAVA A GENTE TER PEGADO UMA RÉGUA?

HOMO HIPSTERIS

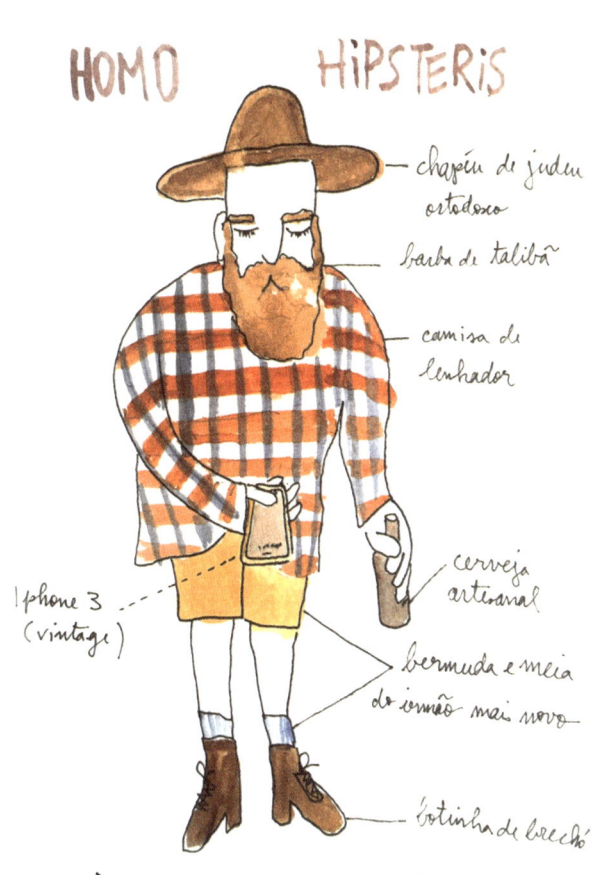

- chapéu de judeu ortodoxo
- barba de talibã
- camisa de lenhador
- cerveja artesanal
- iphone 3 (vintage)
- bermuda e meia do irmão mais novo
- botinha de brechó

MANDÍBULA

VAGA EXCLUSIVA

PARA A PRÁTICA DE PILATES

COM BOLAS

COMO SERÃO AS PLACAS NO MUNDO DOS BONECOS DE PLACA?

O MUNDO PRA LÁ' DE MARRAKECH

MARRAKECH

Christ-à-porter

JESUS
CRISTo
paper
doll

VISTA COMO QUISER O MENINO JESUS

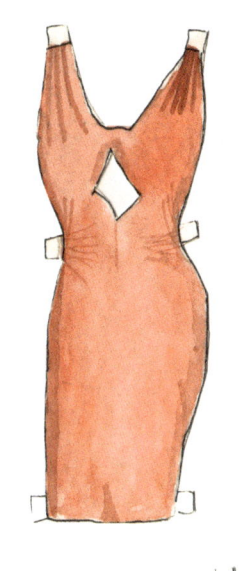

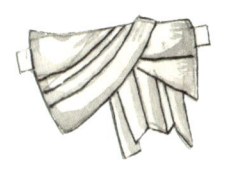

até o

de dia
todos os envelopes
são pardos.

cala a boca já morreu

PASSARINHO QUE COME PEDRA

COM CERTEZA TÁ DOIDÃO

Uma andorinha sozinha

FAZ O QUE ELA QUISER, PORRA

A triste história dos mosquitos que morreram neste livro

Giuseppe tinha preconceito contra gafanhotos,

até que se apaisonou por um.

Pierre era homossexual
mas ainda não sabia.

Miguel morreu sem fazer
ideia do que se passava.

Regina só queria
encontrar seus amigos
que estavam presos
dentro
da lâmpada.

Jorge era o patriarca.
Tinha 273 filhos, todos
do mesmo casamento.

Paulinho morreu fazendo
escândalo.

Marisa, na iminência
do desastre, fez coco.

Ao ver as folhas do
livro se aproximando, Raul
bateu tão forte as asas que
elas se soltaram como gotas.

Theo era virgem. Morreu sem nunca ter amado.

Walmir era o caçula.

Tinha acabado de aprender a voar.

as grandes viagens do Tchan

HAVAÍ

HULA HULA DAQUI (TCHA!)

♪ OLHA o RABE! ♫

EGITO

BAHIA

O CALIFA TÁ DE OLHO NO DECOTE DELA

♪ MUNDO SEGURANDO O TCHAN

SELVA?

DANÇA DO BUMBUM UMA LINHA DO TEMPO

CONHECI UMA MENINA
QUE VEIO DO SUL
PRA DANÇAR O
TCHAN E A DANÇA
DO TCHUTCHU

DEU EM CIMA
DEU EMBAIXO NA
DANÇA DO TCHACO

NA GARRAFINHA
DEU UMA
RALADINHA

PRESENTE

AGORA
O GERA SAMBA
MOSTRA PRA
VOCÊS: A DANÇA
DO BUNBUM
QUE PEGOU DE
UMA VEZ

BOTA A MÃO
NO JOELHO

DA' UMA
ABAIXADINHA

MEXE
MEXE
GOSTOSO

BALANÇANDO
A BUNDINHA

SE MAOMÉ NÃO
VAi À MONTANHA

A MONTANHA EXiGE
UMA EXPLiCAÇÃO PLAUSÍVEL.

O MILAGRE INVERTIDO

QUANDO JESUS SUJOU O VESTIDO
QUAL NÃO FOI A SUA MÁGOA
POR NUNCA TER APRENDIDO
A TRANSFORMAR O VINHO EM ÁGUA

mandaram catar coquinho

eu fui

você me mandou ver se você tava na esquina

Jéssica ficou inconsolável.
Seu marido saiu pra
comprar cigarros

e voltou.

TROQUE O AMOR PELO AVÔ VOCÊ TAMBÉM

TODO AVÔ QUE HOUVER NESSA VIDA

QUALQUER MANEIRA DE AVÔ VALE A PENA

O maior avô do mundo

UM AVÔ VERDADEIRO

AVÔ ETERNO AVÔ

Um Novo Auô

MEU PRIMEIRO AVÔ

O AVÔ DA MINHA VIDA

eu quero
a sorte
de um avô

tranquilo

de tudo ao

meu   avô

serei atento

Quando Pequeno, sofria de *lobofobia*.

Pedia para minha mãe contar a história da chapeuzinho vermelha

SEM LOBO

era um saco.

A vida sem lobo

Cícero levou
uma vida tranquila
em sua casa de palha,
apesar das goteiras.
Morreu de velho — sem
nunca ter aprendido lição alguma.

Prático
entrou pro
ramo da cons-
trução civil e
ficou rico — mas
não muito. Como não
havia lobo, todos preferiam
fazer casas mais baratas.

Heitor foi feliz em sua casa de madeira. Viveu até os sete anos, muita coisa para um porco. Morreu de infarto, sem nunca ter aprendido nada acerca do valor do trabalho árduo.

PEDRO E O LOBO

PEDRO GRITAVA "O LOBO!". E TODOS ACHAVAM QUE ELE ERA LOUCO, POIS NÃO HAVIA LOBO ALGUM NAQUELA REGIÃO.

ATÉ O DIA EM QUE PEDRO FOI MEDICADO E SE CALOU.

NOVAS CARTAS DO BARALHO

1 - A carta do deputado seja qualquer canastra.

2 - A carta do deputado pode ser comprada a qualquer momento do jogo por quem fizer a melhor oferta.

3 - A carta não comparece ao baralho de quinta a domingo, ou quando chove, ou quando faz muito sol - nessas ocasiões a carta frequenta baralhos de Fernando de Noronha.

O pastor

1 – O PASTOR INFLUENCIA O REI E A RAINHA A TROCAR DE NAIPE.

2 – O PASTOR TAMBEM É DEPUTADO, LOGO TEM OS MESMOS PODERES DO DEPUTADO.

3 – O PASTOR NÃO PAGA IMPOSTO.

4 – O PASTOR LEVA 10% DA SUA PONTUAÇÃO FINAL.

5 – A CANASTRA REAL UNGIDA PELAS ÁGUAS DO RIO JORDÃO VALE MIL PONTOS (MENOS 10%).

Obrigado Vó Memé
minha desenhista
PREDILETA
OBRIGADO João
Vicente POR ME
OBRIGAR A
FAZER ESTE LIVRO
obrigado Sofia e Alceu, OBRIGADO Vó NNA
que editaram este caos

ESTE LIVRO FOI
FEITO A UMA SÓ MÃO
MAS A MUITAS CABEÇAS
GERALMENTE SOB EFEITO
DE PSICOTRÓPICOS.
Obrigado

OBRIGADO RAFAEL Jade Mendonça
QUEIROGA PELAS por me ajudar
IDEIAS MAIS DODÓIS a catar esses
OBRIGADO MANÔ OBRIGADO coquinhos
PELO TCHAN Pai DESCULPEM MÃE E POR COISA

Obrigado pessoa que empurrou meu
braço e fez meu iPhone cair no bueiro
obrigado André Dahmer pelo bico de pena e
pela aula Obrigado Laura Storino pelas aquarelas

Grafia atualizada segundo o Acordo Ortográfico da Língua Portuguesa de 1990, que entrou em vigor no Brasil em 2009.

Projeto gráfico de capa e miolo
Alceu Nunes

Revisão
Adriana Bairrada
Jane Pessoa

Os personagens e as situações desta obra são reais apenas no universo da ficção; não se referem a pessoas e fatos concretos, e não emitem opinião sobre eles.

Dados Internacionais de Catalogação na Publicação (CIP)
(Câmara Brasileira do Livro, SP, Brasil)

Duvivier, Gregorio
Percatempos: tudo que faço quando não sei o que fazer / Gregorio Duvivier. — 1ª ed. — São Paulo : Companhia das Letras, 2015.

ISBN 978-85-359-2658-3

1. Livros ilustrados I. Título.

15-09303   CDD-700

Índice para catálogo sistemático:
1. Livros ilustrados   700

[2015]
Todos os direitos desta edição reservados à
EDITORA SCHWARCZ S.A.
Rua Bandeira Paulista, 702, cj. 32
04532-002 — São Paulo — SP
Telefone: (11) 3707-3500
Fax: (11) 3707-3501
www.companhiadasletras.com.br
www.blogdacompanhia.com.br

ESTA OBRA FOI IMPRESSA PELA GEOGRÁFICA EM OFSETE
SOBRE PAPEL ALTA ALVURA DA SUZANO PAPEL E CELULOSE PARA
A EDITORA SCHWARCZ EM OUTUBRO DE 2015